THE

MW00526986

For my personal posse of bad girls
(and all those bad boys, too)

by Cameron Tuttle
Illustrations by Susannah Bettag

CHRONICLE BOOKS

a

is for alluring

name _____

bad girl alias _____

address _____

_____

email _____

phone _____ cell _____

birthday _____ shoe size _____

---

name _____

bad girl alias _____

address _____

_____

email _____

phone _____ cell _____

birthday _____ shoe size _____

---

name _____

bad girl alias _____

address _____

_____

email _____

phone _____ cell _____

birthday _____ shoe size _____

name _____

bad girl alias _____

address _____

_____

email _____

phone _____ cell _____

birthday _____ shoe size _____

---

name _____

bad girl alias _____

address _____

_____

email _____

phone _____ cell _____

birthday _____ shoe size _____

---

name _____

bad girl alias _____

address _____

_____

email _____

phone _____ cell _____

birthday _____ shoe size _____

name _____

bad girl alias _____

address _____

_____

email _____

phone _____ cell _____

birthday _____ shoe size _____

name _____

bad girl alias _____

address _____

_____

email _____

phone _____ cell _____

birthday _____ shoe size _____

name _____

bad girl alias _____

address _____

_____

email _____

phone _____ cell _____

birthday _____ shoe size _____

name _____

bad girl alias _____

address _____

_____

email _____

phone _____ cell _____

birthday _____ shoe size _____

---

name _____

bad girl alias _____

address _____

_____

email _____

phone _____ cell _____

birthday _____ shoe size _____

---

name _____

bad girl alias _____

address _____

_____

email _____

phone _____ cell _____

birthday _____ shoe size _____

name _____
bad girl alias _____
address _____
_____
email _____
phone _____ cell _____
birthday _____ shoe size _____

name _____
bad girl alias _____
address _____
_____
email _____
phone _____ cell _____
birthday _____ shoe size _____

name _____
bad girl alias _____
address _____
_____
email _____
phone _____ cell _____
birthday _____ shoe size _____

is for bad

name _____

bad girl alias _____

address _____

_____

email _____

phone _____ cell _____

birthday _____ shoe size _____

---

name _____

bad girl alias _____

address _____

_____

email _____

phone _____ cell _____

birthday _____ shoe size _____

---

name _____

bad girl alias _____

address _____

_____

email _____

phone _____ cell _____

birthday _____ shoe size _____

name _____

bad girl alias _____

address _____

_____

email _____

phone _____ cell _____

birthday _____ shoe size _____

---

name _____

bad girl alias _____

address _____

_____

email _____

phone _____ cell _____

birthday _____ shoe size _____

---

name _____

bad girl alias _____

address _____

_____

email _____

phone _____ cell _____

birthday _____ shoe size _____

name _____

bad girl alias _____

address _____

_____

email _____

phone _____ cell _____

birthday _____ shoe size _____

---

name _____

bad girl alias _____

address _____

_____

email _____

phone _____ cell _____

birthday _____ shoe size _____

---

name _____

bad girl alias _____

address _____

_____

email _____

phone _____ cell _____

birthday _____ shoe size _____

name _____
bad girl alias _____
address _____
_____
email _____
phone _____ cell _____
birthday _____ shoe size _____

name _____
bad girl alias _____
address _____
_____
email _____
phone _____ cell _____
birthday _____ shoe size _____

name _____
bad girl alias _____
address _____
_____
email _____
phone _____ cell _____
birthday _____ shoe size _____

name _____

bad girl alias _____

address _____

_____

email _____

phone _____ cell _____

birthday _____ shoe size _____

---

name _____

bad girl alias _____

address _____

_____

email _____

phone _____ cell _____

birthday _____ shoe size _____

---

name _____

bad girl alias _____

address _____

_____

email _____

phone _____ cell _____

birthday _____ shoe size _____

c

is for courageous

name _____

bad girl alias _____

address _____

_____

email _____

phone _____ cell _____

birthday _____ shoe size _____

---

name _____

bad girl alias _____

address _____

_____

email _____

phone _____ cell _____

birthday _____ shoe size _____

---

name _____

bad girl alias _____

address _____

_____

email _____

phone _____ cell _____

birthday _____ shoe size _____

name _____

bad girl alias _____

address _____

_____

email _____

phone _____ cell _____

birthday _____ shoe size _____

---

name _____

bad girl alias _____

address _____

_____

email _____

phone _____ cell _____

birthday _____ shoe size _____

---

name _____

bad girl alias _____

address _____

_____

email _____

phone _____ cell _____

birthday _____ shoe size _____

name _____
bad girl alias _____
address _____
_____
email _____
phone _____ cell _____
birthday _____ shoe size _____

name _____
bad girl alias _____
address _____
_____
email _____
phone _____ cell _____
birthday _____ shoe size _____

name _____
bad girl alias _____
address _____
_____
email _____
phone _____ cell _____
birthday _____ shoe size _____

name _____

bad girl alias _____

address _____

_____

email _____

phone _____ cell _____

birthday _____ shoe size _____

name _____

bad girl alias _____

address _____

_____

email _____

phone _____ cell _____

birthday _____ shoe size _____

name _____

bad girl alias _____

address _____

_____

email _____

phone _____ cell _____

birthday _____ shoe size _____

name _____

bad girl alias _____

address _____

_____

email _____

phone _____ cell _____

birthday _____ shoe size _____

---

name _____

bad girl alias _____

address _____

_____

email _____

phone _____ cell _____

birthday _____ shoe size _____

---

name _____

bad girl alias _____

address _____

_____

email _____

phone _____ cell _____

birthday _____ shoe size _____

is for delicious

d

name _____

bad girl alias _____

address _____

_____

email _____

phone _____ cell _____

birthday _____ shoe size _____

---

name _____

bad girl alias _____

address _____

_____

email _____

phone _____ cell _____

birthday _____ shoe size _____

---

name _____

bad girl alias _____

address _____

_____

email _____

phone _____ cell _____

birthday _____ shoe size _____

name _____

bad girl alias _____

address _____

_____

email _____

phone _____ cell _____

birthday _____ shoe size _____

---

name _____

bad girl alias _____

address _____

_____

email _____

phone _____ cell _____

birthday _____ shoe size _____

---

name _____

bad girl alias _____

address _____

_____

email _____

phone _____ cell _____

birthday _____ shoe size _____

name _____

bad girl alias _____

address _____

_____

email _____

phone _____ cell _____

birthday _____ shoe size _____

---

name _____

bad girl alias _____

address _____

_____

email _____

phone _____ cell _____

birthday _____ shoe size _____

---

name _____

bad girl alias _____

address _____

_____

email _____

phone _____ cell _____

birthday _____ shoe size _____

name _____

bad girl alias _____

address _____

_____

email _____

phone _____ cell _____

birthday _____ shoe size _____

---

name _____

bad girl alias _____

address _____

_____

email _____

phone _____ cell _____

birthday _____ shoe size _____

---

name _____

bad girl alias _____

address _____

_____

email _____

phone _____ cell _____

birthday _____ shoe size _____

name _____

bad girl alias _____

address _____

_____

email _____

phone _____ cell _____

birthday _____ shoe size _____

name _____

bad girl alias _____

address _____

_____

email _____

phone _____ cell _____

birthday _____ shoe size _____

name _____

bad girl alias _____

address _____

_____

email _____

phone _____ cell _____

birthday _____ shoe size _____

e

is for enviable

name _____

bad girl alias _____

address _____

_____

email _____

phone _____ cell _____

birthday _____ shoe size _____

name _____

bad girl alias _____

address _____

_____

email _____

phone _____ cell _____

birthday _____ shoe size _____

name _____

bad girl alias _____

address _____

_____

email _____

phone _____ cell _____

birthday _____ shoe size _____

name _____

bad girl alias _____

address _____

_____

email _____

phone _____ cell _____

birthday _____ shoe size _____

---

name _____

bad girl alias _____

address _____

_____

email _____

phone _____ cell _____

birthday _____ shoe size _____

---

name _____

bad girl alias _____

address _____

_____

email _____

phone _____ cell _____

birthday _____ shoe size _____

name _____

bad girl alias _____

address _____

_____

email _____

phone _____ cell _____

birthday _____ shoe size _____

---

name _____

bad girl alias _____

address _____

_____

email _____

phone _____ cell _____

birthday _____ shoe size _____

---

name _____

bad girl alias _____

address _____

_____

email _____

phone _____ cell _____

birthday _____ shoe size _____

name _____

bad girl alias _____

address _____

_____

email _____

phone _____ cell _____

birthday _____ shoe size _____

---

name _____

bad girl alias _____

address _____

_____

email _____

phone _____ cell _____

birthday _____ shoe size _____

---

name _____

bad girl alias _____

address _____

_____

email _____

phone _____ cell _____

birthday _____ shoe size _____

name _____

bad girl alias _____

address _____

_____

email _____

phone _____ cell _____

birthday _____ shoe size _____

---

name _____

bad girl alias _____

address _____

_____

email _____

phone _____ cell _____

birthday _____ shoe size _____

---

name _____

bad girl alias _____

address _____

_____

email _____

phone _____ cell _____

birthday _____ shoe size _____

is for fun

name _____

bad girl alias _____

address _____

_____

email _____

phone _____ cell _____

birthday _____ shoe size _____

---

name _____

bad girl alias _____

address _____

_____

email _____

phone _____ cell _____

birthday _____ shoe size _____

---

name _____

bad girl alias _____

address _____

_____

email _____

phone _____ cell _____

birthday _____ shoe size _____

name _____

bad girl alias _____

address _____

_____

email _____

phone _____ cell _____

birthday _____ shoe size _____

name _____

bad girl alias _____

address _____

_____

email _____

phone _____ cell _____

birthday _____ shoe size _____

name _____

bad girl alias _____

address _____

_____

email _____

phone _____ cell _____

birthday _____ shoe size _____

name _____

bad girl alias _____

address _____

_____

email _____

phone _____ cell _____

birthday _____ shoe size _____

---

name _____

bad girl alias _____

address _____

_____

email _____

phone _____ cell _____

birthday _____ shoe size _____

---

name _____

bad girl alias _____

address _____

_____

email _____

phone _____ cell _____

birthday _____ shoe size _____

name _____
bad girl alias _____
address _____
. _____
email _____
phone _____ cell _____
birthday _____ shoe size _____

name _____
bad girl alias _____
address _____
_____
email _____
phone _____ cell _____
birthday _____ shoe size _____

name _____
bad girl alias _____
address _____
_____
email _____
phone _____ cell _____
birthday _____ shoe size _____

name _____

bad girl alias _____

address _____

_____

email _____

phone _____ cell _____

birthday _____ shoe size _____

---

name _____

bad girl alias _____

address _____

_____

email _____

phone _____ cell _____

birthday _____ shoe size _____

---

name _____

bad girl alias _____

address _____

_____

email _____

phone _____ cell _____

birthday _____ shoe size _____

g

is for genius

name _____

bad girl alias _____

address _____

_____

email _____

phone _____ cell _____

birthday _____ shoe size _____

name _____

bad girl alias _____

address _____

_____

email _____

phone _____ cell _____

birthday _____ shoe size _____

name _____

bad girl alias _____

address _____

_____

email _____

phone _____ cell _____

birthday _____ shoe size _____

name _____

bad girl alias _____

address _____

_____

email _____

phone _____ cell _____

birthday _____ shoe size _____

name _____

bad girl alias _____

address _____

_____

email _____

phone _____ cell _____

birthday _____ shoe size _____

name _____

bad girl alias _____

address _____

_____

email _____

phone _____ cell _____

birthday _____ shoe size _____

name _____

bad girl alias _____

address _____

_____

email _____

phone _____ cell _____

birthday _____ shoe size _____

name _____

bad girl alias _____

address _____

_____

email _____

phone _____ cell _____

birthday _____ shoe size _____

name _____

bad girl alias _____

address _____

_____

email _____

phone _____ cell _____

birthday _____ shoe size _____

name _____

bad girl alias _____

address _____

_____

email _____

phone _____ cell _____

birthday _____ shoe size _____

---

name _____

bad girl alias _____

address _____

_____

email _____

phone _____ cell _____

birthday _____ shoe size _____

---

name _____

bad girl alias _____

address _____

_____

email _____

phone _____ cell _____

birthday _____ shoe size _____

name _____

bad girl alias _____

address _____

_____

email _____

phone _____ cell _____

birthday _____ shoe size _____

---

name _____

bad girl alias _____

address _____

_____

email _____

phone _____ cell _____

birthday _____ shoe size _____

---

name _____

bad girl alias _____

address _____

_____

email _____

phone _____ cell _____

birthday _____ shoe size _____

h

is for hot

name _____

bad girl alias _____

address _____

_____

email _____

phone _____ cell _____

birthday _____ shoe size _____

---

name _____

bad girl alias _____

address _____

_____

email _____

phone _____ cell _____

birthday _____ shoe size _____

---

name _____

bad girl alias _____

address _____

_____

email _____

phone _____ cell _____

birthday _____ shoe size _____

name _____

bad girl alias _____

address _____

_____

email _____

phone _____ cell _____

birthday _____ shoe size _____

name _____

bad girl alias _____

address _____

_____

email _____

phone _____ cell _____

birthday _____ shoe size _____

name _____

bad girl alias _____

address _____

_____

email _____

phone _____ cell _____

birthday _____ shoe size _____

name _____

bad girl alias _____

address _____

_____

email _____

phone _____ cell _____

birthday _____ shoe size _____

---

name _____

bad girl alias _____

address _____

_____

email _____

phone _____ cell _____

birthday _____ shoe size _____

---

name _____

bad girl alias _____

address _____

_____

email _____

phone _____ cell _____

birthday _____ shoe size _____

name _____

bad girl alias _____

address _____

_____

email _____

phone _____ cell _____

birthday _____ shoe size _____

---

name _____

bad girl alias _____

address _____

_____

email _____

phone _____ cell _____

birthday _____ shoe size _____

---

name _____

bad girl alias _____

address _____

_____

email _____

phone _____ cell _____

birthday _____ shoe size _____

name _____

bad girl alias _____

address _____

_____

email _____

phone _____ cell _____

birthday _____ shoe size _____

---

name _____

bad girl alias _____

address _____

_____

email _____

phone _____ cell _____

birthday _____ shoe size _____

---

name _____

bad girl alias _____

address _____

_____

email _____

phone _____ cell _____

birthday _____ shoe size _____

is for independent

name _____

bad girl alias _____

address _____

_____

email _____

phone _____ cell _____

birthday _____ shoe size _____

name _____

bad girl alias _____

address _____

_____

email _____

phone _____ cell _____

birthday _____ shoe size _____

name _____

bad girl alias _____

address _____

_____

email _____

phone _____ cell _____

birthday _____ shoe size _____

name _____

bad girl alias _____

address _____

_____

email _____

phone _____ cell _____

birthday _____ shoe size _____

---

name _____

bad girl alias _____

address _____

_____

email _____

phone _____ cell _____

birthday _____ shoe size _____

---

name _____

bad girl alias _____

address _____

_____

email _____

phone _____ cell _____

birthday _____ shoe size _____

name _____

bad girl alias _____

address _____

_____

email _____

phone _____ cell _____

birthday _____ shoe size _____

---

name _____

bad girl alias _____

address _____

_____

email _____

phone _____ cell _____

birthday _____ shoe size _____

---

name _____

bad girl alias _____

address _____

_____

email _____

phone _____ cell _____

birthday _____ shoe size _____

name _____

bad girl alias _____

address _____

_____

email _____

phone _____ cell _____

birthday _____ shoe size _____

---

name _____

bad girl alias _____

address _____

_____

email _____

phone _____ cell _____

birthday _____ shoe size _____

---

name _____

bad girl alias _____

address _____

_____

email _____

phone _____ cell _____

birthday _____ shoe size _____

name _____
bad girl alias _____
address _____
_____
email _____
phone _____ cell _____
birthday _____ shoe size _____

name _____
bad girl alias _____
address _____
_____
email _____
phone _____ cell _____
birthday _____ shoe size _____

name _____
bad girl alias _____
address _____
_____
email _____
phone _____ cell _____
birthday _____ shoe size _____

k

is for kissable

name _____

bad girl alias _____

address _____

_____

email _____

phone _____ cell _____

birthday _____ shoe size _____

name _____

bad girl alias _____

address _____

_____

email _____

phone _____ cell _____

birthday _____ shoe size _____

name _____

bad girl alias _____

address _____

_____

email _____

phone _____ cell _____

birthday _____ shoe size _____

name _____
bad girl alias _____
address _____
_____
email _____
phone _____ cell _____
birthday _____ shoe size _____

name _____
bad girl alias _____
address _____
_____
email _____
phone _____ cell _____
birthday _____ shoe size _____

name _____
bad girl alias _____
address _____
_____
email _____
phone _____ cell _____
birthday _____ shoe size _____

name _____

bad girl alias _____

address _____

_____

email _____

phone _____ cell _____

birthday _____ shoe size _____

---

name _____

bad girl alias _____

address _____

_____

email _____

phone _____ cell _____

birthday _____ shoe size _____

---

name _____

bad girl alias _____

address _____

_____

email _____

phone _____ cell _____

birthday _____ shoe size _____

name _____

bad girl alias _____

address _____

_____

email _____

phone _____ cell _____

birthday _____ shoe size _____

name _____

bad girl alias _____

address _____

_____

email _____

phone _____ cell _____

birthday _____ shoe size _____

name _____

bad girl alias _____

address _____

_____

email _____

phone _____ cell _____

birthday _____ shoe size _____

name _____
bad girl alias _____
address _____

_____
email _____
phone _____ cell _____
birthday _____ shoe size _____

name _____
bad girl alias _____
address _____

_____
email _____
phone _____ cell _____
birthday _____ shoe size _____

name _____
bad girl alias _____
address _____

_____
email _____
phone _____ cell _____
birthday _____ shoe size _____

l

is for loyal

name _____

bad girl alias _____

address _____

_____

email _____

phone _____ cell _____

birthday _____ shoe size _____

---

name _____

bad girl alias _____

address _____

_____

email _____

phone _____ cell _____

birthday _____ shoe size _____

---

name _____

bad girl alias _____

address _____

_____

email _____

phone _____ cell _____

birthday _____ shoe size _____

name _____
bad girl alias _____
address _____

_____
email _____
phone _____ cell _____
birthday _____ shoe size _____

name _____
bad girl alias _____
address _____

_____
email _____
phone _____ cell _____
birthday _____ shoe size _____

name _____
bad girl alias _____
address _____

_____
email _____
phone _____ cell _____
birthday _____ shoe size _____

name _____

bad girl alias _____

address _____

_____

email _____

phone _____ cell _____

birthday _____ shoe size _____

name _____

bad girl alias _____

address _____

_____

email _____

phone _____ cell _____

birthday _____ shoe size _____

name _____

bad girl alias _____

address _____

_____

email _____

phone _____ cell _____

birthday _____ shoe size _____

name _____

bad girl alias _____

address _____

_____

email _____

phone _____ cell _____

birthday _____ shoe size _____

---

name _____

bad girl alias _____

address _____

_____

email _____

phone _____ cell _____

birthday _____ shoe size _____

---

name _____

bad girl alias _____

address _____

_____

email _____

phone _____ cell _____

birthday _____ shoe size _____

name _____

bad girl alias _____

address _____

_____

email _____

phone _____ cell _____

birthday _____ shoe size _____

---

name _____

bad girl alias _____

address _____

_____

email _____

phone _____ cell _____

birthday _____ shoe size _____

---

name _____

bad girl alias _____

address _____

_____

email _____

phone _____ cell _____

birthday _____ shoe size _____

m

is for mischievous

name _____

bad girl alias _____

address _____

_____

email _____

phone _____ cell _____

birthday _____ shoe size _____

---

name _____

bad girl alias _____

address _____

_____

email _____

phone _____ cell _____

birthday _____ shoe size _____

---

name _____

bad girl alias _____

address _____

_____

email _____

phone _____ cell _____

birthday _____ shoe size _____

name _____

bad girl alias _____

address _____

_____

email _____

phone _____ cell _____

birthday _____ shoe size _____

---

name _____

bad girl alias _____

address _____

_____

email _____

phone _____ cell _____

birthday _____ shoe size _____

---

name _____

bad girl alias _____

address _____

_____

email _____

phone _____ cell _____

birthday _____ shoe size _____

name _____

bad girl alias _____

address _____

_____

email _____

phone _____ cell _____

birthday _____ shoe size _____

name _____

bad girl alias _____

address _____

_____

email _____

phone _____ cell _____

birthday _____ shoe size _____

name _____

bad girl alias _____

address _____

_____

email _____

phone _____ cell _____

birthday _____ shoe size _____

name _____

bad girl alias _____

address _____

_____

email _____

phone _____ cell _____

birthday _____ shoe size _____

name _____

bad girl alias _____

address _____

_____

email _____

phone _____ cell _____

birthday _____ shoe size _____

name _____

bad girl alias _____

address _____

_____

email _____

phone _____ cell _____

birthday _____ shoe size _____

name _____

bad girl alias _____

address _____

_____

email _____

phone _____ cell _____

birthday _____ shoe size _____

name _____

bad girl alias _____

address _____

_____

email _____

phone _____ cell _____

birthday _____ shoe size _____

name _____

bad girl alias _____

address _____

_____

email _____

phone _____ cell _____

birthday _____ shoe size _____

n

is for naughty

name _____

bad girl alias _____

address _____

_____

email _____

phone _____ cell _____

birthday _____ shoe size _____

---

name _____

bad girl alias _____

address _____

_____

email _____

phone _____ cell _____

birthday _____ shoe size _____

---

name _____

bad girl alias _____

address _____

_____

email _____

phone _____ cell _____

birthday _____ shoe size _____

name _____

bad girl alias _____

address _____

_____

email _____

phone _____ cell _____

birthday _____ shoe size _____

name _____

bad girl alias _____

address _____

_____

email _____

phone _____ cell _____

birthday _____ shoe size _____

name _____

bad girl alias _____

address _____

_____

email _____

phone _____ cell _____

birthday _____ shoe size _____

name _____

bad girl alias _____

address _____

_____

email _____

phone _____ cell _____

birthday _____ shoe size _____

---

name _____

bad girl alias _____

address _____

_____

email _____

phone _____ cell _____

birthday _____ shoe size _____

---

name _____

bad girl alias _____

address _____

_____

email _____

phone _____ cell _____

birthday _____ shoe size _____

name _____

bad girl alias _____

address _____

_____

email _____

phone _____ cell _____

birthday _____ shoe size ____

---

name _____

bad girl alias _____

address _____

_____

email _____

phone _____ cell _____

birthday _____ shoe size ____

---

name _____

bad girl alias _____

address _____

_____

email _____

phone _____ cell _____

birthday _____ shoe size ____

name _____

bad girl alias _____

address _____

_____

email _____

phone _____ cell _____

birthday _____ shoe size _____

---

name _____

bad girl alias _____

address _____

_____

email _____

phone _____ cell _____

birthday _____ shoe size _____

---

name _____

bad girl alias _____

address _____

_____

email _____

phone _____ cell _____

birthday _____ shoe size _____

name _____

bad girl alias _____

address _____

_____

email _____

phone _____ cell _____

birthday _____ shoe size _____

name _____

bad girl alias _____

address _____

_____

email _____

phone _____ cell _____

birthday _____ shoe size _____

name _____

bad girl alias _____

address _____

_____

email _____

phone _____ cell _____

birthday _____ shoe size _____

name _____

bad girl alias _____

address _____

_____

email _____

phone _____ cell _____

birthday _____ shoe size _____

name _____

bad girl alias _____

address _____

_____

email _____

phone _____ cell _____

birthday _____ shoe size _____

name _____

bad girl alias _____

address _____

_____

email _____

phone _____ cell _____

birthday _____ shoe size _____

is for outrageous

name _____

bad girl alias _____

address _____

_____

email _____

phone _____ cell _____

birthday _____ shoe size _____

---

name _____

bad girl alias _____

address _____

_____

email _____

phone _____ cell _____

birthday _____ shoe size _____

---

name _____

bad girl alias _____

address _____

_____

email _____

phone _____ cell _____

birthday _____ shoe size _____

name _____

bad girl alias _____

address _____

_____

email _____

phone _____ cell _____

birthday _____ shoe size _____

---

name _____

bad girl alias _____

address _____

_____

email _____

phone _____ cell _____

birthday _____ shoe size _____

---

name _____

bad girl alias _____

address _____

_____

email _____

phone _____ cell _____

birthday _____ shoe size _____

name _____

bad girl alias _____

address _____

_____

email _____

phone _____ cell _____

birthday _____ shoe size _____

---

name _____

bad girl alias _____

address _____

_____

email _____

phone _____ cell _____

birthday _____ shoe size _____

---

name _____

bad girl alias _____

address _____

_____

email _____

phone _____ cell _____

birthday _____ shoe size _____

name _____

bad girl alias _____

address _____

_____

email _____

phone _____ cell _____

birthday _____ shoe size _____

---

name _____

bad girl alias _____

address _____

_____

email _____

phone _____ cell _____

birthday _____ shoe size _____

---

name _____

bad girl alias _____

address _____

_____

email _____

phone _____ cell _____

birthday _____ shoe size _____

name _____

bad girl alias _____

address _____

_____

email _____

phone _____ cell _____

birthday _____ shoe size _____

name _____

bad girl alias _____

address _____

_____

email _____

phone _____ cell _____

birthday _____ shoe size _____

name _____

bad girl alias _____

address _____

_____

email _____

phone _____ cell _____

birthday _____ shoe size _____

p

is for powerful

name _____

bad girl alias _____

address _____

_____

email _____

phone _____ cell _____

birthday _____ shoe size ____

---

name _____

bad girl alias _____

address _____

_____

email _____

phone _____ cell _____

birthday _____ shoe size ____

---

name _____

bad girl alias _____

address _____

_____

email _____

phone _____ cell _____

birthday _____ shoe size ____

name _____

bad girl alias _____

address _____

_____

email _____

phone _____ cell _____

birthday _____ shoe size _____

---

name _____

bad girl alias _____

address _____

_____

email _____

phone _____ cell _____

birthday _____ shoe size _____

---

name _____

bad girl alias _____

address _____

_____

email _____

phone _____ cell _____

birthday _____ shoe size _____

name _____
bad girl alias _____
address _____

_____
email _____
phone _____ cell _____
birthday _____ shoe size _____

name _____
bad girl alias _____
address _____

_____
email _____
phone _____ cell _____
birthday _____ shoe size _____

name _____
bad girl alias _____
address _____

_____
email _____
phone _____ cell _____
birthday _____ shoe size _____

name _____

bad girl alias _____

address _____

_____

email _____

phone _____ cell _____

birthday _____ shoe size _____

name _____

bad girl alias _____

address _____

_____

email _____

phone _____ cell _____

birthday _____ shoe size _____

name _____

bad girl alias _____

address _____

_____

email _____

phone _____ cell _____

birthday _____ shoe size _____

name _____

bad girl alias _____

address _____

_____

email _____

phone _____ cell _____

birthday _____ shoe size _____

---

name _____

bad girl alias _____

address _____

_____

email _____

phone _____ cell _____

birthday _____ shoe size _____

---

name _____

bad girl alias _____

address _____

_____

email _____

phone _____ cell _____

birthday _____ shoe size _____

is for radiant

name _____

bad girl alias _____

address _____

_____

email _____

phone _____ cell _____

birthday _____ shoe size _____

---

name _____

bad girl alias _____

address _____

_____

email _____

phone _____ cell _____

birthday _____ shoe size _____

---

name _____

bad girl alias _____

address _____

_____

email _____

phone _____ cell _____

birthday _____ shoe size _____

name _____

bad girl alias _____

address _____

_____

email _____

phone _____ cell _____

birthday _____ shoe size _____

---

name _____

bad girl alias _____

address _____

_____

email _____

phone _____ cell _____

birthday _____ shoe size _____

---

name _____

bad girl alias _____

address _____

_____

email _____

phone _____ cell _____

birthday _____ shoe size _____

name _____

bad girl alias _____

address _____

_____

email _____

phone _____ cell _____

birthday _____ shoe size _____

---

name _____

bad girl alias _____

address _____

_____

email _____

phone _____ cell _____

birthday _____ shoe size _____

---

name _____

bad girl alias _____

address _____

_____

email _____

phone _____ cell _____

birthday _____ shoe size _____

name _____

bad girl alias _____

address _____

_____

email _____

phone _____ cell _____

birthday _____ shoe size _____

---

name _____

bad girl alias _____

address _____

_____

email _____

phone _____ cell _____

birthday _____ shoe size _____

---

name _____

bad girl alias _____

address _____

_____

email _____

phone _____ cell _____

birthday _____ shoe size _____

name _____

bad girl alias _____

address _____

_____

email _____

phone _____ cell _____

birthday _____ shoe size _____

name _____

bad girl alias _____

address _____

_____

email _____

phone _____ cell _____

birthday _____ shoe size _____

name _____

bad girl alias _____

address _____

_____

email _____

phone _____ cell _____

birthday _____ shoe size _____

is for sexy

name _____

bad girl alias _____

address _____

_____

email _____

phone _____ cell _____

birthday _____ shoe size _____

---

name _____

bad girl alias _____

address _____

_____

email _____

phone _____ cell _____

birthday _____ shoe size _____

---

name _____

bad girl alias _____

address _____

_____

email _____

phone _____ cell _____

birthday _____ shoe size _____

name _____

bad girl alias _____

address _____

_____

email _____

phone _____ cell _____

birthday _____ shoe size _____

name _____

bad girl alias _____

address _____

_____

email _____

phone _____ cell _____

birthday _____ shoe size _____

name _____

bad girl alias _____

address _____

_____

email _____

phone _____ cell _____

birthday _____ shoe size _____

name _____

bad girl alias _____

address _____

_____

email _____

phone _____ cell _____

birthday _____ shoe size _____

---

name _____

bad girl alias _____

address _____

_____

email _____

phone _____ cell _____

birthday _____ shoe size _____

---

name _____

bad girl alias _____

address _____

_____

email _____

phone _____ cell _____

birthday _____ shoe size _____

name _____

bad girl alias _____

address _____

_____

email _____

phone _____ cell _____

birthday _____ shoe size _____

name _____

bad girl alias _____

address _____

_____

email _____

phone _____ cell _____

birthday _____ shoe size _____

name _____

bad girl alias _____

address _____

_____

email _____

phone _____ cell _____

birthday _____ shoe size _____

name _____

bad girl alias _____

address _____

_____

email _____

phone _____ cell _____

birthday _____ shoe size _____

---

name _____

bad girl alias _____

address _____

_____

email _____

phone _____ cell _____

birthday _____ shoe size _____

---

name _____

bad girl alias _____

address _____

_____

email _____

phone _____ cell _____

birthday _____ shoe size _____

name _____

bad girl alias _____

address _____

_____

email _____

phone _____ cell _____

birthday _____ shoe size _____

name _____

bad girl alias _____

address _____

_____

email _____

phone _____ cell _____

birthday _____ shoe size _____

name _____

bad girl alias _____

address _____

_____

email _____

phone _____ cell _____

birthday _____ shoe size _____

name _____

bad girl alias _____

address _____

_____

email _____

phone _____ cell _____

birthday _____ shoe size _____

---

name _____

bad girl alias _____

address _____

_____

email _____

phone _____ cell _____

birthday _____ shoe size _____

---

name _____

bad girl alias _____

address _____

_____

email _____

phone _____ cell _____

birthday _____ shoe size _____

t

is for tough

name _____

bad girl alias _____

address _____

_____

email _____

phone _____ cell _____

birthday _____ shoe size _____

---

name _____

bad girl alias _____

address _____

_____

email _____

phone _____ cell _____

birthday _____ shoe size _____

---

name _____

bad girl alias _____

address _____

_____

email _____

phone _____ cell _____

birthday _____ shoe size _____

name _____

bad girl alias _____

address _____

_____

email _____

phone _____ cell _____

birthday _____ shoe size _____

name _____

bad girl alias _____

address _____

_____

email _____

phone _____ cell _____

birthday _____ shoe size _____

name _____

bad girl alias _____

address _____

_____

email _____

phone _____ cell _____

birthday _____ shoe size _____

name _____
bad girl alias _____
address _____
_____
email _____
phone _____ cell _____
birthday _____ shoe size _____

name _____
bad girl alias _____
address _____
_____
email _____
phone _____ cell _____
birthday _____ shoe size _____

name _____
bad girl alias _____
address _____
_____
email _____
phone _____ cell _____
birthday _____ shoe size _____

name _____

bad girl alias _____

address _____

_____

email _____

phone _____ cell _____

birthday _____ shoe size _____

---

name _____

bad girl alias _____

address _____

_____

email _____

phone _____ cell _____

birthday _____ shoe size _____

---

name _____

bad girl alias _____

address _____

_____

email _____

phone _____ cell _____

birthday _____ shoe size _____

name _____

bad girl alias _____

address _____

_____

email _____

phone _____ cell _____

birthday _____ shoe size _____

---

name _____

bad girl alias _____

address _____

_____

email _____

phone _____ cell _____

birthday _____ shoe size _____

---

name _____

bad girl alias _____

address _____

_____

email _____

phone _____ cell _____

birthday _____ shoe size _____

name _____
bad girl alias _____
address _____

_____
email _____
phone _____ cell _____
birthday _____ shoe size _____

name _____
bad girl alias _____
address _____

_____
email _____
phone _____ cell _____
birthday _____ shoe size _____

name _____
bad girl alias _____
address _____

_____
email _____
phone _____ cell _____
birthday _____ shoe size _____

name _____
bad girl alias _____
address _____

_____
email _____
phone _____ cell _____
birthday _____ shoe size _____

name _____
bad girl alias _____
address _____

_____
email _____
phone _____ cell _____
birthday _____ shoe size _____

name _____
bad girl alias _____
address _____

_____
email _____
phone _____ cell _____
birthday _____ shoe size _____

u

is for uncensored

name _____
bad girl alias _____
address _____

_____
email _____
phone _____ cell _____
birthday _____ shoe size ____

name _____
bad girl alias _____
address _____

_____
email _____
phone _____ cell _____
birthday _____ shoe size ____

name _____
bad girl alias _____
address _____

_____
email _____
phone _____ cell _____
birthday _____ shoe size ____

name _____

bad girl alias _____

address _____

_____

email _____

phone _____ cell _____

birthday _____ shoe size _____

---

name _____

bad girl alias _____

address _____

_____

email _____

phone _____ cell _____

birthday _____ shoe size _____

---

name _____

bad girl alias _____

address _____

_____

email _____

phone _____ cell _____

birthday _____ shoe size _____

name _____

bad girl alias _____

address _____

_____

email _____

phone _____ cell _____

birthday _____ shoe size _____

name _____

bad girl alias _____

address _____

_____

email _____

phone _____ cell _____

birthday _____ shoe size _____

name _____

bad girl alias _____

address _____

_____

email _____

phone _____ cell _____

birthday _____ shoe size _____

name _____

bad girl alias _____

address _____

_____

email _____

phone _____ cell _____

birthday _____ shoe size _____

---

name _____

bad girl alias _____

address _____

_____

email _____

phone _____ cell _____

birthday _____ shoe size _____

---

name _____

bad girl alias _____

address _____

_____

email _____

phone _____ cell _____

birthday _____ shoe size _____

name _____
bad girl alias _____
address _____
_____
email _____
phone _____ cell _____
birthday _____ shoe size _____

name _____
bad girl alias _____
address _____
_____
email _____
phone _____ cell _____
birthday _____ shoe size _____

name _____
bad girl alias _____
address _____
_____
email _____
phone _____ cell _____
birthday _____ shoe size _____

is for witty

name _____

bad girl alias _____

address _____

_____

email _____

phone _____ cell _____

birthday _____ shoe size _____

---

name _____

bad girl alias _____

address _____

_____

email _____

phone _____ cell _____

birthday _____ shoe size _____

---

name _____

bad girl alias _____

address _____

_____

email _____

phone _____ cell _____

birthday _____ shoe size _____

name _____

bad girl alias _____

address _____

_____

email _____

phone _____ cell _____

birthday _____ shoe size _____

---

name _____

bad girl alias _____

address _____

_____

email _____

phone _____ cell _____

birthday _____ shoe size _____

---

name _____

bad girl alias _____

address _____

_____

email _____

phone _____ cell _____

birthday _____ shoe size _____

name _____

bad girl alias _____

address _____

_____

email _____

phone _____ cell _____

birthday _____ shoe size _____

---

name _____

bad girl alias _____

address _____

_____

email _____

phone _____ cell _____

birthday _____ shoe size _____

---

name _____

bad girl alias _____

address _____

_____

email _____

phone _____ cell _____

birthday _____ shoe size _____

name _____

bad girl alias _____

address _____

_____

email _____

phone _____ cell _____

birthday _____ shoe size _____

name _____

bad girl alias _____

address _____

_____

email _____

phone _____ cell _____

birthday _____ shoe size _____

name _____

bad girl alias _____

address _____

_____

email _____

phone _____ cell _____

birthday _____ shoe size _____

name _____

bad girl alias _____

address _____

_____

email _____

phone _____ cell _____

birthday _____ shoe size _____

---

name _____

bad girl alias _____

address _____

_____

email _____

phone _____ cell _____

birthday _____ shoe size _____

---

name _____

bad girl alias _____

address _____

_____

email _____

phone _____ cell _____

birthday _____ shoe size _____

y

is for yummy

name _____

bad girl alias _____

address _____

_____

email _____

phone _____ cell _____

birthday _____ shoe size _____

---

name _____

bad girl alias _____

address _____

_____

email _____

phone _____ cell _____

birthday _____ shoe size _____

---

name _____

bad girl alias _____

address _____

_____

email _____

phone _____ cell _____

birthday _____ shoe size _____

name _____

bad girl alias _____

address _____

_____

email _____

phone _____ cell _____

birthday _____ shoe size _____

---

name _____

bad girl alias _____

address _____

_____

email _____

phone _____ cell _____

birthday _____ shoe size _____

---

name _____

bad girl alias _____

address _____

_____

email _____

phone _____ cell _____

birthday _____ shoe size _____

name _____

bad girl alias _____

address _____

_____

email _____

phone _____ cell _____

birthday _____ shoe size _____

---

name _____

bad girl alias _____

address _____

_____

email _____

phone _____ cell _____

birthday _____ shoe size _____

---

name _____

bad girl alias _____

address _____

_____

email _____

phone _____ cell _____

birthday _____ shoe size _____

name _____

bad girl alias _____

address _____

_____

email _____

phone _____ cell _____

birthday _____ shoe size _____

name _____

bad girl alias _____

address _____

_____

email _____

phone _____ cell _____

birthday _____ shoe size _____

name _____

bad girl alias _____

address _____

_____

email _____

phone _____ cell _____

birthday _____ shoe size _____

naughty notes

naughty notes _____

hot dates

Illustrations © 2002 by Susannah Bettag
Design by Laura Crookston

Printed in Hong Kong
ISBN 0-8118-3310-0

10 9 8 7 6 5 4 3 2 1

Chronicle Books LLC
85 Second Street
San Francisco, CA 94105
www.chroniclebooks.com

Distributed in Canada by
Raincoast Books
9050 Shaughnessy Street
Vancouver, B.C. V6P 6E5

Also available from Chronicle Books:
The Bad Girl's Guide to Getting What You Want
The Bad Girl's Guide to the Open Road
Be a Bad Girl: A Journal
Me & My Bad Girls Photo Album

Visit www.badgirlswirl.com
to mix it up with other bad girls!